Ernst Küst

Handbuch für Überholungsarbeiten an Motor-, Segel- und Ruderbooten, nebst praktischen Winken

blue line

Ernst Küst

**Handbuch für Überholungsarbeiten an Motor-, Segel-
und Ruderbooten, nebst praktischen Winken**

ISBN/EAN: 9783867419017

Auflage: 1
Erscheinungsjahr: 2011
Erscheinungsort: Bremen, Deutschland

Bei diesem Titel handelt es sich um den Nachdruck eines histori-
schen, lange vergriffenen Buches. Da elektronische Druckvorlagen
für diese Titel nicht existieren, musste auf alte Vorlagen zurückge-
griffen werden. Hieraus zwangsläufig resultierende Qualitätsver-
luste bitten wir zu entschuldigen.

EHV)

Handbuch für Überholungsarbeiten

an Motor-, Segel- und Ruderbooten

SEGELSPORT-BÜCHEREI / BAND 9

Handbuch für Überholungsarbeiten

an Motor-, Segel- u. Ruderbooten

nebst

praktischen Winken

Von

ERNST KÜST

Zweite, völlig neu bearbeitete Auflage

RICHARD CARL SCHMIDT & CO., BERLIN W 62

INHALTSVERZEICHNIS

EINLEITUNG

Vielen Wassersportlern wird ihr Boot vom Frühling bis zum Herbst zur zweiten Heimat. Es ist ja nicht nur das Rudern, Segeln, Paddeln oder Bedienen des Motorbootes allein, was die Anhänger des Wassersports so fest, meist von der ersten Fahrt auf dem Wasser bis zur letzten Reise auf Erden gefangen hält. Kein anderer Sport läßt so den ganzen Zauber der Natur empfinden und die Allgewalt der Elemente im Kampf bewundern und überwinden.

Auf dem Wasser erhebt der pflastermüde Städter immerfort den Blick zu den jagenden Wolken oder dem klaren Himmel, und das geheimnisvolle Klingen, das an stillen, heißen Tagen auf dem Wasser zu liegen scheint, ist ihm ebenso sehr Erlebnis wie harte Brise oder ein plötzliches Gewitter. Über das Alltägliche hinaus wird jeder Tag auf dem Wasser für den berufstätigen Menschen unserer Zeit zum Erlebnis, von dem er noch an manchem dunklen Winterabend zehrt. Das Boot hat wie ein guter Kamerad an diesem Erleben Anteil.

So sehr verwächst der Wassersportler mit seinem Boot, so sehr gewöhnt er sich daran, daß es ihm häufig erst zum Bewußtsein kommt, wenn er sich einmal endgültig von ihm trennen muß. Nur dadurch ist es erklärlich, daß viele, im Sommer um Deck und Außenhaut peinlich besorgte Sportler, am Ende der schönen Zeit ihr Boot recht lieblos in das Winterlager bringen und dort stehen lassen, bis der Frühling seinen Einzug hält.

Für jeden Wassersportler verkörpert sein Boot aber nicht nur Erinnerungen und die Möglichkeit zu neuen schönen Stunden in der Freiheit der Natur, sondern auch erheblichen materiellen Wert, sei es ein mächtiger Seekreuzer oder das einfachste Paddelboot, ein

rassiger Outbord oder ein gemütlicher »Pott«. Den materiellen Wert
zu erhalten oder gar zu steigern, erfordert jedoch ständige Arbeit.
Durch gleichmäßige Verteilung der Bootspflege über das ganze Jahr
wird zugleich die Last der Arbeit und der Kosten geringer, die
Freude im Sommer aber auf das höchste Maß gesteigert.

DER GEGENWÄRTIGE ZUSTAND DES BOOTES

Die weitaus meisten Wassersportler überholen selbst ihr Boot. Die Liebe und Mühe, die auf die Pflege von Bootskörper und Zubehör verwendet werden, machen sich stets bezahlt. Ein Boot, das mit eigener Arbeit überholt und instand gesetzt wurde, wird auch während der Zeit der Indienststellung sorgfältiger behandelt als ein Fahrzeug, das der Eigner nur von gelegentlichen Spazierfahrten kennt. Fast ebenso wichtig wie der Erfolg eigener Arbeit für das Aussehen und die Erhaltung des Bootes ist für den Wassersportler, daß er eigentlich nur bei eigener Überholung sein Boot in allen Einzelheiten so kennenlernt, wie es für beide Teile nützlich und notwendig ist. Die Hand, die mit Schleifpapier über jeden Teil der Planken, des Decks und der Aufbauten gleitet, spürt jede Unebenheit und lernt jede Schwäche kennen. Bei der Arbeit des Abziehens und Spachtelns, die zu jeder Stelle des Bootes führt, genügt ein kleiner Stich mit der eisernen Klinge in verdächtige, dunkel oder weich erscheinende Stellen, um morsch gewordenes Holz oder andere Gefahrenquellen rechtzeitig zu entdecken, bevor sie unter Farbe »liebevoll« verschwunden sind.

Je früher eine schadhafte Stelle am Boot gefunden und behoben wird, desto besser ist es nicht nur für die eigene Sicherheit auf dem Wasser, sondern auch für den Geldbeutel. Eine schadhafte Stelle breitet sich unweigerlich in immer schnellerem Tempo nach allen Seiten aus trotz aller Rettungsversuche, wenn nicht ganze Arbeit geleistet wird.

Wer sein Boot liebt und Freude daran haben will, wer seinen Wert sich erhalten möchte, sollte es daher zu Beginn jeder Überholungsarbeit, am besten schon bei Beginn des Winterlagers, kritisch so gründlich wie möglich untersuchen.

IM WINTERLAGER

Einerlei, ob das Boot im Schuppen unter festem Dach oder unter der eignen Persenning im Freien überwintern soll, beginnt die Überholungsarbeit im Augenblick der Außerdienststellung mit einer gründlichen Reinigung des Bootes innen und außen, ganz besonders natürlich des Unterwasserschiffs. Diese Arbeit muß unter allen Umständen ausgeführt werden, bevor man sein Boot dem Winterschlaf überläßt.

Jeglicher Bewuchs, der auch bei Verwendung der besten Unterwasserfarbe unvermeidlich ist, muß restlos entfernt werden, auf Holz booten ebenso wie bei stählernen Rümpfen. Die vollständige Reinigung der Außenhaut, der Decks und der Aufbauten ist notwendig, damit der Bootskörper trocknet und ein Verfaulen oder Rosten im Winterlager verhindert wird.

Selbstverständlich muß auch sonst alles getan werden, um ein vollständiges Austrocknen des Bootes zu erleichtern. Dazu gehört die restlose Entfernung von etwa in der Bilge vorhandenem Wasser und die Herausnahme der Polster und sonstigen Gegenstände aus der Kajüte. Die Bodenbretter sind hochzustellen oder noch besser herauszunehmen, ebenso Schubladen. Decksluken sind ebenso offen zu halten wie die Schranktüren, damit die Luft überall ungehindert Zutritt findet. Soweit es der verfügbare Raum irgend gestattet, empfiehlt es sich, auch Ankergeschirr nebst Kette und selbstverständlich alles Tauwerk an Land zu nehmen. Das Tauwerk wird am besten hängend an trockner Stelle aufbewahrt.

Durch gründliches Ausfegen der ganzen Innenräume sind alle Feuchtigkeitsfänger, wie jene kleinen Klumpen aus Fäden, Staub und sonstigen Resten zu entfernen, die sich mit Feuchtigkeit zu einer fest zusammenhängenden Masse verbinden und mit Vorliebe zwischen Planken und Bodenwrangen festsetzen, wo sie schwer zugängliche Fäulnisherde bilden. Bei der Säuberung des Bootes im Innern leistet ein Staubsauger gute Dienste — sofern seine Verwendung ohne Gefährdung des häuslichen Friedens möglich ist.

Abb. 1. Yachten im Winterlager.

Nach der gründlichen Reinigung muß das Boot mindestens 14 Tage ruhig durchtrocknen, wobei es allerdings nicht der prallen Herbstsonne ausgesetzt werden darf, bevor es endgültig für den Winterschlaf »gebettet« wird oder aber, was das Richtigere ist, die Überholungsarbeiten einsetzen. Kleinere Boote, wie z. B. Jollen, kann man im Freien überwintern lassen, indem man sie kieloben aufstellt und mit einigen Schichten Teerpappe bedeckt, zumal deren Überholung im nächsten Frühjahr schneller vor sich geht als bei größeren Yachten, die während des Winterlagers im Freien schwer zugänglich sind.

Bei größeren Yachten, die im Freien überwintern sollen, verwendet man einen Aufbau von Bügeln oder ein Gerüst aus Latten über dem Bootskörper, über die eine oder mehrere Persenninge gespannt werden, sodaß zwischen Schutzdach und Boot ein freier Raum entsteht, der der Luft Zutritt bietet und zugleich die Feuchtigkeit fernhält.

Gegenüber dem festen Dach oder gar dem gechlossenen Schuppen hat das Winterlager im Freien besonders den Nachteil, daß der Bootseigner in den langen Wintermonaten kaum an seinem Boot arbeiten kann. Selbst an schönen Tagen ist es meist zu mühsam, das Winter-Dach zu entfernen und nachher wieder aufzubauen. Unter dem Segeltuchdach trocknet die Farbe schlecht und wird vielleicht sogar durch den nächsten Regen verdorben. Unter einem schützenden Holzdach oder in der geschlossenen Halle kann man dagegen jederzeit, sogar bei künstlichem Licht, an die Überholungsarbeiten gehen oder etwa notwendige Reparaturen ausführen lassen.

REPARATUREN

Gerade die Wintermonate, für die Bootsbauer und Werften meistens die ruhigste Zeit des Jahres, bieten willkommene Gelegenheit, zurückgestellte oder plötzlich als dringlich erkannte Arbeiten sachgemäß und meist auch billiger als in der Hetze des letzten Frühjahrsmonats ausführen zu lassen, mag es sich um das Einziehen einer neuen Planke, um eine schwer vermißte Pantry in der Kajüte oder das Einsetzen eines neuen Ruderschaftes handeln — Arbeit gibt es an jedem Boot, wenn es nicht gerade im letzten Sommer als stolzer Neubau vom Stapel gelaufen ist. Übrigens empfiehlt es sich, bei allen Reparaturen vorher schriftlich genau die auszuführende Arbeit und den Preis zu vereinbaren. Das erspart beiden Teilen Ärger.

GENAUE PRÜFUNG DES BOOTES

Um genau zu wissen und auch zu behalten, was am Boot gemacht werden muß, läßt man am besten Notizbuch und Bleistift während des Großreinemachens und des Aufräumens, vor allem aber während der nun folgenden kritischen Untersuchung des braven »Kahns« nicht aus der Hand. Während des Aufräumens kann man sich notieren, wo man die einzelnen Kästen und jene unzähligen Kleinigkeiten während des Winters verstaut hat, die man nicht im nächsten Frühjahr mühsam suchen möchte. Beim Abtakeln empfiehlt es sich aus dem gleichen Grunde, das in Buchten aufgeschossene Tauwerk, besonders das stehende und laufende Gut, durch einen angehängten Zettel genau zu bezeichnen. Auf Motoryachten, wo es ja im wesentlichen nur Festmach- und Flaggenleinen gibt, mag sich diese Arbeit erübrigen. Wenn ein Mast vorhanden ist, wird aber schon die Bezeichnung von Vorstag und Wanten Arbeit sparen. Bei großen Segelyachten wird es ohne genaue Bezeichnung an Schoten, Fallen, Backstagen und sonstigem stehenden und laufenden Gut unbedingt nicht gehen, wenn man sich nicht ein langwieriges Geduldsspiel für das nächste Frühjahr aufheben will.

Die Monate Januar und Februar sind bei uns klimatisch so ungeeignet wie möglich für Überholungsarbeiten im Freien. Schon aus diesem Grunde ist es zweckmäßig, die Überholung so frühzeitig wie möglich zu beginnen. Im Frühling kann der launische Wettergott allzu leicht die wenigen Sonntage, die meist allein für die Arbeiten zur Verfügung stehen, verregnen lassen. Die Folge ist dann entweder, daß das Boot zu Wasser kommt, ehe die Farbe richtig durchgetrocknet ist und alle geplanten Arbeiten sorgfältig ausgeführt werden konnten, oder der Wassersportler versäumt einen Teil der gar zu kurzen Zeit des schönen Sports. Nur rechtzeitiger Beginn der Arbeiten bewahrt vor Ärger und Enttäuschung.

DIE KRITISCHEN STELLEN

Um den Umfang der notwendigen Überholungsarbeiten und etwa erforderlicher Reparaturen festzustellen, ist in jedem Herbst oder während des Winterlagers eine sorgfältige Prüfung des Bootskörpers und des gesamten Zubehörs, vom Topp bis zum Kiel, von der Ankerkettenklüse bis zum Motor und Schraube unvermeidlich.

Bei jedem Boot gibt es gewisse Stellen, die infolge ihrer besonderen Beanspruchung regelmäßig zuerst »angegangen« werden. Bei hölzernen Booten sind die am meisten gefährdeten Stellen die Wasserlinie, das heißt jener Teil der Außenhaut, wo abwechselnd Wasser und Luft in stetem Wechsel ihre Einflüsse geltend machen; und hier wieder am meisten am Steven und am Heck, weil an diesen Stellen die Bewegung des Wassers, die schmutzigen Bestandteile der Gewässer und z. B. der Sog ihre zerstörende Kraft am stärksten zur Geltung bringen können.

Bei Schwertbooten ist die Verbindung des Schwertkastens mit dem übrigen Bootskörper ein steter Grund zur Sorge, wenn man nicht rechtzeitig vorbeugt. Eine gepflegte Jolle braucht niemals am Schwertkasten zu lecken!

Gefährdet sind grundsätzlich ferner solche Stellen, an denen die Luft von innen her nicht ungehindert Zutritt findet, z. B. unter Wasser- und Brennstoff-Tanks, unterhalb der Ankerkettenlast, zumal wenn diese Stelle mit Blech ausgeschlagen ist, ferner am Achterschiff, wenn dieses durch Luken oder Türen im allgemeinen fest verschlossen ist. Wenn in heißer Sonne die Luken oder Türen nicht so häufig wie möglich und in regelmäßigen Abständen längere Zeit offen gehalten werden, ist ein Weichwerden der Außenhautplanken leicht möglich. Beachtet werden müssen auch alle Verbindungsstellen der Bootskonstruktion.

Besondere Aufmerksamkeit erfordern alle Stellen, an denen die schützende Farbschicht verschwunden ist, sei es durch Grundberührungen, Schamfielen (Scheuern) an Bojen, Brücken oder schlecht geschützten Beibooten, oder gar, weil die Farbe infolge mangelhafter Arbeit oder Qualität abgeplatzt ist, wobei der erste Fall der leider häufigere ist. Schließlich ist noch an alle Stellen zu denken, an denen die einzelnen Planken der Außenhaut aneinanderstoßen, namentlich wenn nachträglich neue Planken oder Plankenteile eingesetzt worden sind.

Bei eisernen oder stählernen Rumpfen muß das Hauptaugenmerk den rostigen Stellen, den Berührungspunkten der Platten untereinander und den Nietstellen gelten. Sie sind im allgemeinen leicht an den Rostflecken zu erkennen.

Falls im Sommer ein Boot eine größere Kollission oder sonstige Havarie erlitten hat, ist der Umkreis der betroffenen Stellen natürlich ganz besonders sorgfältig zu untersuchen, auch wenn sie darnach ausgebessert wurden.

Die große Zahl der theoretisch und praktisch gefährdeten Stellen des Bootskörpers macht eine genaue Untersuchung zur unbedingten Pflicht. Es ist schon vorgekommen, daß Boote am Ufer plötzlich vollgelaufen sind, weil ein Stein oder sogar ein Stück Holz sich durch eine weichgewordene Planke drückten, ohne daß der Eigner dies zunächst bemerkte. Auf freiem Gewässer kann ein solcher Mangel leicht verhängnisvoll werden. Bei regelmäßiger gründlicher Untersuchung und sachgemäßer Pflege kann aber jeder Wassersportler solchen Zerstörungen vorbeugen oder eine Ausbesserung vornehmen, solange sie nur geringfügige Mittel erfordert.

UMFANG DER BEVORSTEHENDEN ARBEITEN

Hat die kritische Untersuchung ergeben, daß größere Arbeiten an Bootskörper, Deck oder Aufbauten notwendig sind, wird man sich zweckmäßig an einen Bootsbauer wenden. Das sachgemäße Einziehen neuer Planken oder kleinerer Stücke in der Außenhaut erfordert besondere Sachkenntnis und Erfahrung. Das gleiche gilt von den meisten anderen Arbeiten, obwohl hier ein Fehler meist keinen großen Schaden anrichten kann. Alle derartigen Arbeiten läßt man zweckmäßig schon ausführen, bevor mit den eigentlichen Überholungsarbeiten begonnen wird.

Die nach dem Aufslippen zu Beginn des Winterlagers vorgenommene Prüfung hat zugleich Klarheit gebracht über den Umfang der Überholungsarbeiten, die vor der nächsten Indienststellung erforderlich sind. Der Schutz des Bootes gegen zerstörende Einflüsse erfolgt durch Anstrich mit Lack oder Farbe. Leider kann man jedoch nicht einfach immer neue Schichten über die alte Farbe streichen, weil die gesamte Schicht um so leichter abplatzt, je dicker sie ist. Aus diesem Grunde ist eine Vorbehandlung erforderlich, die die Gewähr dafür bietet, daß die schützende Farbschicht auch überall haftet. Nur durch sorgfältige Vorbehandlung wird die Außenhaut außerdem so glatt, daß sie den zerstörenden Wirkungen des Wassers und der Luft geringste Angriffsflächen bietet. Da ferner der Reibungswiderstand, der entscheidend für die Fahrgeschwindigkeit ist, durch glatte Außenhaut auf ein geringstes Maß vermindert wird, ergibt sich gerade für den Wassersportler die Notwendigkeit, alles zur Erzielung einer möglichst glatten Außenhaut zu tun, wenn er an seinem Boot wirklich in jeder Hinsicht Freude haben will. Wenn der Lack glänzt wie ein Spiegel, gewinnt jedes Boot nicht nur an Geschwindigkeit und Chancen im sportlichen Kampf, sondern auch an gutem Aussehen.

DIE ARBEIT BEGINNT

Ist das Boot gut durchgetrocknet und sind etwa notwendige Reparaturen durch den Bootsbauer inzwischen ausgeführt, entscheidet man sich je nach dem Zustand des Bootskörpers für den Umfang der auszuführenden Überholung. Ist die alte Farbschicht nicht zu dick und an allzu vielen Stellen abgeplatzt oder rissig geworden,

Abb. 2. Der Eigner bei der Frühjahrsüberholung.

braucht der bisherige Anstrich nicht bis aufs rohe Holz oder das blanke Metall entfernt zu werden. Einebnen der Fläche durch Ausspachteln der unvermeidlichen Stoßstellen, gründliches Schleifen und mehrfaches Lackieren genügt in diesem Fall.

ENTFERNEN DES ALTEN ANSTRICHS

Wenn die Farbschicht jedoch zu dick geworden ist und abzublättern beginnt, Blasen entstanden oder die Farbe an gar zu viel Stellen abgestoßen oder zerkratzt ist, empfiehlt es sich, die bisherige Farbe vollständig von der Außenhaut zu entfernen. Man kann annehmen, daß sich diese Notwendigkeit im Durchschnitt in Abständen von 5 bis 6 Jahren ergibt. Je nachdem, ob viel oder wenig Farbe verstrichen, ob zwischen den einzelnen Anstrichen viel oder wenig abgeschliffen wurde, gibt es jedoch erhebliche Unterschiede.

Die Arbeit des Abziehens ist nicht so groß, wie sie auf den ersten Blick erscheinen könnte, vorausgesetzt allerdings, daß man die nötigen Hilfsmittel benutzt, die uns jetzt zur Verfügung stehen.

Weitaus am mühsamsten ist zweifellos das Abziehen mit der Ziehklinge und dem Dreikantschaber ohne vorherige Einweichung des Anstrichs.

Vielfach ist auch heute noch das Abbrennen mit der Lötlampe üblich. Durch die heiße Flamme, die gegen die zu entfernende Farbschicht gehalten wird, wird der alte Anstrich erweicht und kann dann verhältnismäßig leicht entfernt werden — aber nur, solange die Farbe nicht wieder kalt geworden ist. Man muß beim Arbeiten mit der Lötlampe jedoch vorsichtig sein, daß die Flamme nicht zulange an einer Stelle einwirkt — nur bis zu dem Augenblick, wo die Farbe sich kräuselt — da sonst das Holz schwarz wird oder gar das Boot in Flammen aufgeht. Die Flamme muß beim Arbeiten ständig bewegt werden.

Da die erweichte Farbschicht schnell wieder hart wird, ist es zweckmäßig, einen oder mehrere Helfer zu dieser Arbeit heranzuziehen, die sofort mit der Ziehklinge der Führung der Flamme folgen. Das Abschaben der Farbe muß stets in der Richtung der Planken.

das heißt in Richtung der Holzfaser erfolgen, damit das Holz nicht aufgekratzt wird. Im geschlossenen Holzschuppen ist die Verwendung der offenen Flamme polizeilich verboten, sodaß in solchen Fällen das Boot zum Abbrennen der Farbe ins Freie geschafft werden muß, sofern es nicht ohnehin im Freien überwintert.

Wesentlich bequemer als das Abbrennen ist ein Erweichen der Farbschicht durch chemische Abbeiz-Mittel, die von unserer Industrie in ständig verbesserter Beschaffenheit zur Verfügung gestellt werden. Diese Mittel sind nicht nur angenehmer in der Handhabung, sondern auch wesentlich wirksamer als selbstgemischte Lauge, Salmiakgeist oder ähnliche Mittel.

Moderne Abbeizmittel gibt es in Form von Pulver, Salben oder in flüssiger Form. Für die harten, widerstandsfähigen Lacke und den Spachtel an Bootsrümpfen kommt wohl überwiegend ein flüssiges Mittel in Frage, zumal es sich in dieser Form an Booten auch am bequemsten verarbeiten läßt.

Bestimmte Mittel sollen in dieser Schrift nicht genannt werden, doch sei die Wahl erleichtert durch Angabe der Anforderungen, die man jetzt an ein hochwertiges Beizmittel stellen darf,

Zum Lösen der Farben, auch von Nitrolacken, harten Weißlacken und Spachtel soll im allgemeinen ein einmaliger, höchstens zweimaliger Anstrich mit dem Lösungsmittel genügen. Es darf das Holz nicht aufrauhen oder schwärzen und weder für die Hände noch für Kleidung und Pinsel schädlich sein. Gefordert werden muß schließlich, daß keine Nachbehandlung durch Waschen mit Benzin oder Spiritus erforderlich ist, was nicht nur Kosten und Arbeit macht, sondern auch feuergefährlich ist. Andererseits kann ein Nachwaschen mit Terpentin z. B. auch sehr nützlich sein. Das Reinigungsmittel darf außerdem nicht schnell verdunsten.

Das Auftragen des flüssigen Lösungsmittel geschieht mit einem weichen Pinsel, und zwar von unten nach oben. Man braucht ziemlich allgemein 1 Kilogramm für je 6 bis 8 qm, für Außenhaut und Deck einer Jolle daher 2 kg, für Kielboote und Motoryachten entsprechend mehr, je nach Größe.

Die Dauer des Abbeizens und Stärke des Auftragens richtet sich nach Alter und Dicke der Farbschicht. Im allgemeinen sollten 30 Minuten oder weniger zur Lösung des alten Anstriches genügen. Das Entfernen der gelösten Farbe erfolgt mit der Ziehklinge (Drei-

(antschaber), bei eisernen Bootsrümpfen auch mit Drahtbürste oder Stahlspänen, die bei hölzernen Booten weniger zu empfehlen sind, weil sie leicht die Struktur des Holzes beeinträchtigen. An Schnitze-eien, Kehlleisten und ähnlichen Stellen leistet die Bürste dagegen gute Dienste, ebenso beim Entfernen des Lackes in Ruderbooten wegen der vielen Nieten und Ecken. Man kann die Bürste vorher n Terpentin tauchen, sodaß sich die abgekratzte Farbe nicht in den Borsten festsetzt. Nach dem Entfernen der Farbe ist der Untergrund nit einem sauberen Lappen gründlich trocken zu reiben. Alle Reste les Abbeizmittels sind dabei zu entfernen. Farbreste aus unzugäng-ichen Stellen, aus Ecken und Fugen kann man mit einem kleinen, n Benzin oder Spiritus getauchten hartborstigen Pinsel herausholen.

ABDICHTEN

Bevor mit dem neuen Anstrich begonnen wird, muß das Boot abgedichtet werden, falls dies nach den früheren Erfahrungen und der Größe der Zwischenräume zwischen den einzelnen Planken erforderlich erscheint. Eiserne Rümpfe wird der Wassersportler nur in seltenen Fällen selbst vernieten oder schweißen können, anders bei hölzernen Booten.

Will man sein Boot wirklich dicht haben, muß rücksichtslos die alte, meist noch in Bruchstücken vorhandene oder hervorquellende Dichtung entfernt werden. Nur dadurch kann man auch mit Sicherheit erkennen, an welchen Stellen ein Boot undicht ist. Vielfach sind es die besonders beanspruchten Nähte am Kiel, wo die Dichtung beim Auflaufen auf Strand leicht herausgerissen wird, ferner die Nähte am Vor- und Achtersteven und andere, vor allem Quernähte, schließlich bei Schwertbooten der Schwertkasten. Als undicht ist eine Stelle anzusehen, wenn nach Entfernung der vielleicht schon vorhandenen Dichtung das Dichteisen leicht durch die Naht dringt.

In diesem Falle wird ein dünner Streifen Baumwolle, Werg oder z. B. geteerten Hanf mit dem Dichteisen in die Naht gepreßt. Niemals darf man sich damit begnügen, etwa Kitt, Spachtel oder »flüssiges Holz« einfach in die Naht zu schmieren, da diese Mittel eintrocknen und bald wieder herausfallen, wenn sie an der Baumwolle oder anderem Dichtmaterial keinen Halt finden. Nach dem Eintreiben des Dichtmaterials kann man etwas Kitt dazu benutzen, um die Naht völlig glatt mit den Planken der Außenhaut abzuschliessen. Hierbei muß man jedoch berücksichtigen, daß die Planken sich nach dem Zuwasserlassen ausdehnen und bei Eintreiben von zuviel Dichtmasse und Kitt beides nach außen und innen gepreßt wird oder, was fast noch schlimmer ist, zu einem Verwerfen der Planken führt. Stets muß man beim Abdichten daher bedenken, daß ein nicht zu festes Ausfüllen der Nähte den Zweck am besten erfüllt. Die Leckstellen fangen gewöhnlich ganz allmählich an, erweitern sich bis zur Mitte, um dann wieder fein zu verlaufen; dementsprechend wird auch die Baumwolle eingetrieben. (Abb. 3.) Man reißt sich von dem Strang Baumwolle 2—3 Kardeele ab, je nach der Größe der Leckstelle, und treibt zu Anfang diese Strähnen der Länge nach ein; wird die Fuge weiter, schiebt man mit dem Dichteisen die Strähnen in erst kleinen Buchten quer an die Fuge, treibt sie ein bißchen ein und setzt so Bucht an Bucht mit der weiter werdenden Fuge größer werdende Buchten ein, um sie dann nach und nach zu

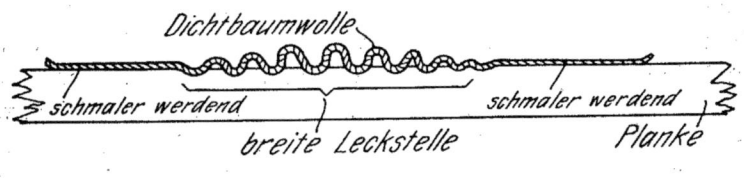

Abb. 3.

verringern und zuletzt ohne Buchten wie zu Anfang aufzuhören. Das Ganze wird nun gleichmäßig in die Fuge getrieben. Wenn die Strähnen der Fuge entsprechend richtig angesetzt sind, muß das Dichteisen, gleichgültig ob die Fuge eng oder weit wird, einen ganz gleichmäßigen Druck aufweisen. Das ist der Sinn des Dichtens. Der Anfänger tut meist des Guten zuviel.

Ein Boot, das in der warmen Jahreszeit lange auf dem Lande gelegen hat, und dessen Planken naturgemäß sehr ausgetrocknet sind, so daß die Nähte weit klaffen, darf unter keinen Umständen in diesem Zustande abgedichtet werden. Denn es würden, zu Wasser gebracht, durch das Aufquellen des Holzes Pressungen stattfinden, die für den ganzen Verband des Bootes gefährlich werden können. Da es sich meist um kleinere Boote handelt, tut man gut, dieselben auf 8 Tage ins Wasser zu bringen, sie dann wieder herauszunehmen und für den Fall, daß noch Leckstellen vorhanden sind, diese abzudichten. Bei größeren Booten mit festem Ballast kann man sich helfen, indem das Boot innen mit nassen Säcken und Hobelspänen belegt wird; beide werden oft angefeuchtet. Sollte dies noch nicht genügen, muß es dennoch zu Wasser; man vergesse nur nicht das Abfangen, da sonst das Boot versackt.

DAS DECK

Ein besonderes Kapitel ist das Dichten eines Decks. Es gibt Wassersportler, die behaupten, daß ein Plankendeck niemals völlig dicht zu bekommen ist. Diese Ansicht mag übertrieben sein, sie zeigt jedoch, wie schwierig die Abdichtung ist. Vielfach bezieht man daher das Deck mit Segeltuch, das mit Ölfarbe gestrichen wird. Auch hierbei erfordern jedoch der Ansatz der Aufbauten und die Luken-Einschnitte besondere Aufmerksamkeit. Bei Planken- oder Stabdecks werden die Nähte ebenso wie bei den Planken der Außenhaut zunächst mit Baumwolle oder andern Material aufgefüllt und dann vorsichtig mit Marineglue, einer besonders für diesen Zweck hergestellten, pechartigen Masse ausgegossen. Im Gegensatz zu den Planken der Außenhaut werden ja die Decksplanken nicht durch späteres ständiges Liegen im Wasser zusammengepreßt, sondern im Gegenteil durch die heiße Sommersonne allzuleicht auseinandergezogen, sodaß die verbindende Masse hitzebeständig und besonders zähe sein muß.

DAS SPACHTELN AN STOSS- UND SCHRAMMSTELLEN

Wenn die alte Farbe nicht völlig entfernt zu werden braucht, genügt es, die fast immer vorhandenen Stoß- oder Schrammstellen »auszuspachteln«. Mit einem Spachteleisen wird die pastenartige Spachtelmasse, die die Eigenschaft hat, schnell hart und schleifbar zu werden, so dünn wie möglich auf die einzuebnende Stelle aufgetragen, je dünner desto besser, damit die Masse steinhart trocknen kann. Nach dem Trocknen, wofür man jedesmal 24 Stunden rechnen sollte, wird die Stelle geschliffen und gegebenfalls weitere Male gespachtelt. Jedesmal ist dann von neuem auch zu schleifen, damit die Schichten aufeinander haften. Zum Auftragen des Spachtels, der stets in der Farbe des zukünftigen Anstrichs gewählt werden sollte, kann man ein Spachteleisen, ein Stück Holz mit glatter Kante oder z. B. ein nicht zu dünnes Stück Gummi nehmen, welches so zwischen zwei kleine Holzleisten gespannt wird, daß es an der unteren Seite etwas hinausragt. Mit einem so gebauten, genügend festen und doch elastischen Auftrag-Gerät läßt sich die Spachtelmasse besonders gut überall einpressen. Vor dem Auftragen kann man die Spachtelmasse mit Firnis verdünnen, darf aber nicht vergessen, die ganze Masse gut durchzukneten.

BEHANDLUNG STÄHLERNER BOOTE

Bei stählernen oder eisernen Booten sind vor allem die unvermeidlichen Roststellen gründlich zu säubern und zu konservieren. Das Reinigen geschieht, wenn man nicht die Farbe wie bei hölzernen Booten völlig entfernt, durch vorsichtiges Klopfen mit der scharfen Seite eines Hammers, durch Abkratzen mit Stahlbürste oder Schleifen mit Sandpapier. Stets soll die Isolierung und Beseitigung an Roststellen schon im Herbst sofort nach der Außerdienststellung geschehen oder sofort, wenn man derartige Flecken bemerkt, damit sie nicht weiterfressen. Die rostenden Stellen müssen vollkommen blank gekratzt werden und erhalten dann zuerst einen dünnen Firnis-Anstrich. Darüber wird mindestens einmal Rostschutzfarbe gestrichen. Hierfür ist Bleimennige als Ölfarbe bei eisernen Schiffen wenig geeignet, da sie im Wasser weich wird und keine Farbe darüber haftet. Wenn man auf Bleimennige trotzdem nicht verzichten will, soll man eine ganz magere wählen, die wenig Leinöl und etwa 10 Prozent Firnis enthält. Nach dem Aufstreichen muß die Bleimennige mehrere Monate gut durchtrocknen. Besser ist jedoch die Verwendung einer modernen Unterwasser-Rostschutzfarbe, die es in den verschiedensten Zusammensetzungen und Farbtönen gibt. Vor der Indienststellung wird das Unterwasserschiff zweimal mit einer guten Unterwasserfarbe gestrichen, zum Beispiel Grundierfarbe für Kupferbronze und darüber Unterwasser-Kupferbronze. Die weitverbreitete Befürchtung, daß durch Kupferbronze bei Stahlbooten und nicht kupferfest gebauten Holzbooten sich infolge etwa auftretenden galvanischen Stroms nachteilige Wirkungen auf das Eisen ergeben, ist durch praktische Versuche als überflüssig anzusehen. Die manchmal auftretenden galvanischen Ströme sind so schwach, daß keine Korrosion des Eisens erfolgt, da andere, in der Kupferbronze enthaltene Stoffe als Isolation wirken und elektrische Entladungen verhindern.

Kupferbronze ist bekanntlich bisher eine der besten Farben zur Verhinderung des Anwuchses, der zwar bei diesem Anstrich nicht völlig unterbleibt, im Vergleich zu anderen Farben jedoch verblüffend gering ist. Abgesehen von dem Schutz des blanken Eisens durch leichten Firnisüberzug und nochmaligen Anstrich durch Rostschutz-

Abb. 4.   Bei Stahlbooten erfordern rostende Stellen besonders genaue
Arbeit beim Spachteln.

farbe erfolgt die Behandlung des Stahlbootes in der gleichen Weise wie bei hölzernen Booten, wovon später berichtet wird. Schwert und Senkruder von hölzernen Booten, wie Jollen und Jollenkreuzern, werden ebenso behandelt wie stählerne Bootskörper.

DER GUTE SCHLIFF

Das Geheimnis eines gutaussehenden und zugleich dauerhaften Anstriches besteht nicht so sehr in der verwendeten Farbe als vielmehr in gutem, reichlichem Schleifen vor jedem Anstrich, mag es sich um Firnis, Lack oder Farbe handeln, und Verwendung sauberer Pinsel. Erst ein gut geschliffener Untergrund gibt dem folgenden Anstrich den unbedingt sicheren Halt. Alle Unebenheiten der Außenhaut lassen sich nur durch diese zwar mühsame, aber dankbare Arbeit des Schleifens ausgleichen, während ein Überstreichen sie nur schlimmer macht. Zugleich ist kräftiges Schleifen das beste Mittel, um zu verhindern, daß die Farbschicht zu dick wird und daher nach kurzer Zeit völlig entfernt werden muß.

Das Schleifen der ausgespachtelten und sonstigen Stellen erfolgt mit Sand- (Glas-) Papier oder mit Bimsstein und Wasser. Das rohe Holz wird nach völliger Entfernung des vorherigen Anstrichs mit feinem Sandpapier Nr. 0, Nr. 1 oder Nr. 2 je nach Verfassung der Oberfläche glatt geschliffen. Hierbei muß sorgfältig darauf geachtet werden, daß niemals quer zur Holzfaser geschliffen wird. Querschliffe sind bei rohem Holz kaum zu sehen, treten aber unter der Farbe desto unangenehmer hervor. Zweckmäßig hält man das Schleifpapier, das man in Stücke von halber Postkartengröße zerschnitten hat, auf der Innenseite der Fingerspitzen, während es an der Seite fest zwischen Daumen und Zeigefinger gehalten wird. Man kann das Papier auch über ein Stück Kork oder dergleichen spannen. Unter den Fingerspitzen spürt man die Unebenheiten der Schleifstellen jedoch besser.

Andere Wassersportler bevorzugen zum Schleifen Ölpapier und Wasser. Mit einem Wasserschlauch oder einem über die zu schleifende Stelle gehaltenen Schwamm hält man die Fläche, die geschliffen werden soll, ständig unter Wasser und schleift mit dem Ölpapier in der gleichen Weise wie schon beschrieben. Bei Benutzung von Ölpapier muß reichlich Wasser gegeben werden, da das Ölpapier sonst nicht genügend schleift.

Stahlwolle ist zum Schleifen bei hölzernen Booten weniger geeignet, da sie das Holz und den Anstrich nur aufrauht.

Abb. 5. Ein sorgfältiger Anstrich gibt der Yacht den letzten Schliff.

Die geschliffenen Stellen müssen auf jedem Fall sorgfältig gereinigt werden, damit die feinen Körnchen sich nicht festsetzen, am besten durch Waschen mit sauberem Wasser. Das Abwaschen muß in kurzen Zwischenräumen nach dem Schleifen erfolgen, da die Schleifmasse unter keinen Umständen antrocknen darf. Andernfalls wird man die winzigen Stäubchen auch durch Waschen nicht mehr entfernen können.

Mit einem Lederlappen wird wie beim Fensterputzen die stumpf erscheinende, geschliffene Stelle gerieben. Dabei dürfen auch Vertiefungen und ähnliche Stellen nicht übersehen werden. Der Lederlappen entfernt jede Feuchtigkeit nach dem Waschen so gründlich, daß man anschließend die Arbeit fortsetzen kann.

Das Schleifen und Waschen wird nach jedem Anstrich in der gleichen Weise wiederholt. Lediglich der letzte Anstrich mit Überzugslack oder Unterwasserfarbe darf nicht mehr geschliffen werden. Eine gut geschliffene Fläche sieht matt und stumpf aus, im Gegensatz zu dem Hochglanz des Lacks.

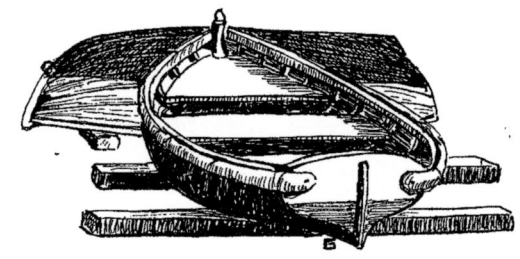

VON LACK UND FARBEN

Während das Schleifen für jede Art von Farbe und ebenso bei Holz- wie Stahlbooten in der gleichen Weise ausgeführt wird, ist die weitere Behandlung von Bootskörper, Aufbau und Einrichtung von der Art des späteren Anstrichs abhängig.

Bootslack besteht aus Leinöl (oder Holzöl), Kopal, Terpentin und Sikkativ, und zwar je nach Fabrikat in den verschiedensten Zusammensetzungen und mit den verschiedensten Eigenschaften: schneller und langsamer trocknend, glänzend oder weniger glänzend.

Obwohl die hergestellten Lacke in den letzten Jahren ständig in ihren Eigenschaften verbessert worden sind, gibt es gewaltige Qualitätsunterschiede. Bei der Bedeutung des Anstrichs für die Werterhaltung des Bootes, wird der Wassersportler am besten fahren, wenn er nur renommierte und bewährte Farben und Lacke wählt und am Preis nicht spart. Ein Lack, der einmal weiß geworden ist, weil bei seiner Herstellung zu viel Leinöl verwendet wurde, muß restlos entfernt werden, auch wenn die weißen Stellen nach dem Trocknen wieder verschwunden sind. Weiß gewordener Lack hat seine schützende Kraft verloren, nimmt gierig Wasser an und wird damit zu einer Gefahr für das Schiff. Das gleiche gilt natürlich auch von weißen Lackfarben, obwohl man bei diesen das »Weißwerden« oder »Verseifen« nicht ohne weiteres sieht. Es gibt jetzt jedoch Lacke und Lackfarben, z. B. wenn sie aus chinesischem Holzöl statt Leinöl hergestellt werden, die nicht nur schneller wirklich durchtrocknen als mit Leinöl hergestellte Lacke, sondern auch nicht weiß werden. Sie haben zugleich eine längere Lebensdauer als schnelltrocknend hergestellte Leinöl-Lacke.

NATURLACKIERUNG

Bei naturlackierten Hölzern gibt man dem rohen Holz, nachdem der frühere Anstrich restlos entfernt und überall gut geschliffen worden ist, zunächst einen Anstrich mit Halböl, das je zur Hälfte aus Leinölfirnis und Terpentinöl bezw. Terpentinölersatz besteht. Nach dem Trocknen reibt man einen Porenfüller ein, der ähnliche Dienste bei den Poren des Holzes tun soll wie der Spachtel an gröberen Stellen. Den Porenfüller-Anstrich reibt man mit feinem Sandpapier vollständig glatt. Darauf erfolgt, nach vorheriger Säuberung mit einem trockenen Lappen, ein Anstrich mit Schleiflack, nach dem Schleifen ein zweiter Schleiflackanstrich und nach abermaligem Schleifen endlich den Überzugslack, wenn man nicht sogar noch einen dritten Schleiflackanstrich vorher geben will.

Farbe und Lack streicht man niemals aus der Kanne, sondern gießt eine kleine Menge in eine saubere Dose und verschließt inzwischen die Kanne wieder.

Zwischen jedem Anstrich sollte ein Zeitraum von mindestens 24 Stunden liegen, damit der Lack wirklich gut durchtrocknet. Man vergesse nicht, nach jedem Schleifen den feinen Staub durch Abwaschen und Trockenreiben gründlich zu entfernen. Insbesondere gilt dies an den vielen Ecken, aus denen sorgfältig alle alten Lack- und Farbenreste beseitigt werden müssen.

DAS AUFTRAGEN VON LACK UND FARBE

Das Auftragen der Farbe oder des Lackes darf weder zu dünn noch zu dick erfolgen. Auf keinen Fall darf der Anstrich »laufen«, weil zu dick aufgetragen wurde. Erscheint die lakierte Stelle einige Minuten später stumpf, war der Anstrich zu dünn. Die richtige Stärke des Anstrichs ist Gefühlssache.

Beim Streichen und Lackieren muß die Luft staubfrei sein. Bei Wind und trockenem Wetter wird man auf sandigen Plätzen im Freien keinen vernünftigen Anstrich erzielen und spart sich die Arbeit. Es empfiehlt sich stets, den Platz rings um das Boot vor dem Streichen mit der Gießkanne oder durch Ausgießen einiger Eimer Wasser anzufeuchten, wodurch der Staub weitgehend gebunden wird. Aber vorsichtig gießen, bitte, damit der Staub nicht erst recht hochgewirbelt wird. Dies gilt auch beim Lackieren im Schuppen.

Lackieren in heißer Mittagssonne kann unangenehme Folgen haben, weil der Lack dabei leicht Blasen wirft. Die günstigsten Stunden zum Streichen sind vormittags und nachmittags, doch sollte man nicht zu spät aufhören, wenn abends Tau oder Nebel zu erwarten ist, ehe der Lack gut angetrocknet ist. Die beste Temperatur zum Lackieren ist 15 bis 25° C.

Man hält den Pinsel wie einen Federhalter. So ist die Arbeit auch am bequemsten. Man streicht mit ganz leichten Bewegungen. Bei Unterbrechung der Arbeit darf man den Pinsel natürlich nicht auf staubige Flächen legen. In diesem Fall ist er zunächst unbrauchbar. Man hüte sich, das Unglück durch Weiterbenutzung noch zu vergrößern. Bei längerer Unterbrechung der Arbeit wäscht man den Pinsel in Terpentin, drückt in mit den Fingern (niemals mit einem Lappen) gut aus und hängt ihn bis zum nächsten Mal in den Öltopf.

Für jeden verwendeten Lack soll man einen besonderen Pinsel

nehmen, vor allem niemals den gleichen Pinsel für Überzuglack wie für Schleiflack.

Mit dem mäßig gefüllten Pinsel tupft man den Lack an 4 oder 5 Stellen auf einer kleinen Fläche aus und verstreicht diese Tupfen in Längs- und Querrichtung, zuletzt aber stets in der Längsrichtung. Nach einigen Minuten prüfe man, ob der Lack irgendwo zu »laufen« beginnt. Diese Stelle war dann zu dick lackiert und muß mit dem geleerten Pinsel neu verstrichen werden.

Jedes Krümelchen auf einer lackierten Fläche wird durch den ihn umschließenden Lack um ein Vielfaches größer und wirft naturgemäß einen kleinen Schatten; tausende solcher Krümel machen eine lackierte Fläche rauh und blind. Daher sei immer wieder gemahnt, vor dem Lackieren gut abzufegen oder abzureiben. Kommt man z. B. mit dem vorher sauberen Lackpinsel an eine Stelle oder Ecke, die noch voller Krümelchen ist, so werden diese durch den Pinsel auf die ganze Fläche übertragen. Werden noch einige Male solche Staubherde mit dem Pinsel aufgenommen, so ist auch bald der Lack im Topf verschmutzt. Der Lack muß dann durch einen Batistlappen oder ganz feine Metallgaze in einen anderen, sehr reinen Topf gesiebt werden. Die Metallgaze ist gleich nach dem Gebrauch mit Benzin abzuwaschen, sonst trocknet der Lack fest und verstopft die feinen Löcher. Ein so verunreinigter Pinsel ist zunächst für einen Lackanstrich unbrauchbar; jedenfalls erfordert es sehr viel Mühe und Geduld, um ihn nur einigermaßen wieder brauchbar zu machen; durch häufiges Auswaschen in Benzin und Durchschnellen der Borsten durch die Finger fliegen die schädlichen Krümelchen wenigstens teilweise heraus. Wegen der Bedeutung des Pinsels für die Bootspflege ist diesem wichtigen Handwerkszeug ein besonderer Abschnitt gewidmet.

DIE AUFBEWAHRUNG UND BEHANDLUNG DER PINSEL

Ein Lackpinsel ist, wenn er im Sommer nur einige Stunden trocken gelegen hat, verdorben, da der Lack an den äußeren Borsten festtrocknet. Bei Wiedergebrauch löst sich der angetrocknete Lack in kleinen Krümelchen los und wird auf die ganze lackierte Fläche verteilt mit der Wirkung, daß sie dann rauh und blind aussieht. In diesem Fall kann man den Lackpinsel einen kurzen Augenblick in Lackentferner tauchen und ihn damit ordentlich durcharbeiten; der angetrocknete Lack ist nun erweicht und aufgelöst. Der Pinsel wird sodann an einer scharfen Kante

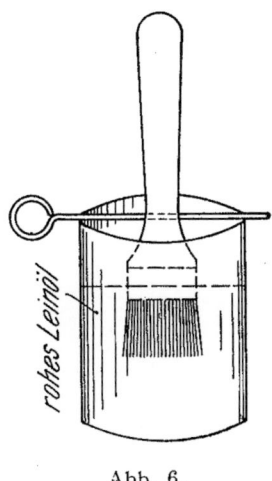

Abb. 6.

gut abgerieben, in Benzin oder Terpentin gut ausgewaschen und die Borsten dann recht oft durch die Fingerspitzen geschnellt, damit die etwa noch darin befindlichen Krümelchen herausfliegen.

27

Niemals sollte man den Lackpinsel in Wasser stellen. Wasser ist Gift für den Lackpinsel.

Der Lackpinsel wird während der Überholung und nachher in folgender Weise aufbewahrt. Vorerst wird ein kleines Loch dicht über den Borsten durch den Stiel gebohrt und ein etwa 2 mm starker Draht hindurchgesteckt, der etwas länger als der Durchmesser des Topfes ist. Dann wird eine ganz reine Konservenbüchse soweit mit rohem Leinöl — nicht etwa Leinölfirnis —. gefüllt, daß der mit dem Draht auf dem Rand ruhende Pinsel bis über die Borsten gut damit bedeckt ist (Abb. 6). Der Pinsel darf nicht mit den Borsten auf dem Boden der Büchse stehen, sondern muß etwa zwei Finger breit über demselben schweben. Man nimmt das rohe Leinöl zur Aufbewahrung, weil es keine Haut ansetzt. Leinölfirnis harzt außerdem zu schnell. Statt rohem Leinöl kann man auch Maschinenöl nehmen.

Soll mit dem Pinsel lackiert werden, so streicht man ihn gut ab und drückt ihn in Terpentin gut aus. Auch das Terpentin ist durch Ausdrücken mit der Hand so gut wie möglich vor der Benutzung zu entfernen.

Ein einwandfreier Lackpinsel muß gut abgebunden sein. Namentlich für den Überzugslack muß der Bund so fest sein und bleiben, daß keine Borsten ausfallen. Die billigsten Pinsel sind dafür nicht zu gebrauchen.

Auch neue Pinsel müssen vor dem Gebrauch zum Lackieren 3 Tage in Öl gehängt werden. Tut man dies nicht, so zieht der Lack in den Bund ein und, da er stets etwas harzig ist, werden die Borsten nicht weich. Außerdem enthält jeder neue Pinsel unzählige feine Staubkörner, die nur durch Einhängen in Öl entfernt werden können, bevor sie den ganzen Lackanstrich verdorben haben. Im Öltopf lagert sich der Staub des Pinsels auf dem Boden ab.

Wird der Pinsel längere Zeit nicht gebraucht, kann man ihn aus dem Öltopf herausnehmen, in warmem Seifenwasser auswaschen, gut trocknen lassen und dann staubfrei aufbewahren. Vor der erneuten Benutzung wird er dann einige Tage wieder in den Öltopf gehängt.

FARBIGER ANSTRICH

Zum farbigen Anstrich, der meist in weiß ausgeführt wird (aber auch tiefblau kann besonders bei schlanken Booten bezaubernd aussehen), gehört eine magere Grundierfarbe, Schleiflackfarbe, Schleiflack und Überzugslack.

- Nach dem Ausspachteln, das an anderer Stelle schon behandelt wurde, und dem Schleifen jeder Spachtel-Schicht mit Bimsstein und Wasser wird eine magere Grundierfarbe aufgetragen, die etwa in dem Ton gehalten wird, den das Boot erhalten soll. Unter »mager« ist mager an Leinöl zu verstehen, da Leinöl die unangenehme Eigenschaft hat, Wasser anzunehmen und außerdem nur sehr langsam hart durchtrocknet. Statt der Grundierfarbe kann man auch wie bei Naturlackierung für den ersten Anstrich auf das rohe Holz mit Halböl (je zur Hälfte Leinölfirnis und Terpentinöl) nehmen.

Auf diesen Anstrich erfolgt ein Anstrich mit Schleiflackfarbe in dem gewählten Ton. Nachdem die Schleiflackfarbe mindestens 24 Stunden gut durchgetrocknet ist, wird sie mit feinstem Sand-(Glas-)papier, mit Bimsstein und Wasser oder mit Ölpapier und Wasser ebenso wie bei farblosem Schleiflack geschliffen. Auch hier muß man darauf achten, stets in Richtung der Holzfasern zu schleifen und zu streichen. Man kann noch einen zweiten Schleiflackanstrich auflegen und abermals schleifen, bis dann der endgültige Anstrich mit Überzugslackfarbe erfolgt.

DAS ANSCHNÜREN EINER NEUEN WASSERLINIE

Für den Fall, daß eine Wasserlinie im Laufe der Zeit fast den Wellenformen gleich gestrichen worden ist oder höher gezogen werden soll, muß eine neue Linie angeschnürt werden. Zu diesem Zweck wird das Boot lotrecht gestellt. Bei geradstevigen Fahrzeugen hält man einfach ein Lot (dünne Schnur mit schwerem Gegenstand) vor den Steven und visiert, ob das Boot senkrecht steht. Bei Fahrzeugen mit Löffelbug muß man sich einen Teil des Bootes suchen, der beim Bau sicher lotrecht eingebaut wurde, z. B. die Mastbacken, die Eingangswand zur Kajüte oder ein Fußbodenlager. Auf dieses Lager setzt man zu diesem Zweck einen rechten Winkel auf und lotet den aufrechtstehenden Schenkel ab. Steht das Boot nun senkrecht, so wird vor und hinter dem Boot auf jeder Seite ein Pfahl etwas weiter in den Erdboden geschlagen, als das Boot breit ist. An diesen beiden Pfählen wird vorn und hinten ein gerades Brett,

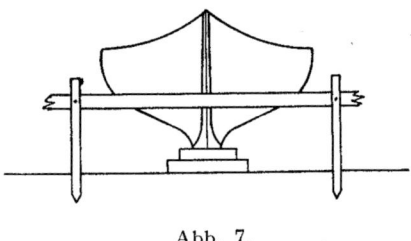

Abb. 7.

welches ebenfalls länger sein muß, als das Boot breit ist, waagerecht angenagelt. Hat man keine Wasserwaage zur Hand, so tut ein rechter Winkel, in der oben erwähnten Weise gehandhabt, dieselben Dienste. Das an den Pfählen waagerecht befestigte Brett muß mit seiner Oberkante dicht am Vordersteven in

Höhe der neu zu streichenden Wasserlinie zu stehen kommen; desgleichen am Heck, Spiegel oder Achtersteven (Abb. 7, 8).

Hierauf wird eine 2 mm starke knotenlose Leine, die in ihrem mittleren Teil vorher mit Holzkohle gut angeschwärzt ist, auf die Oberkante der beiden waagerechten Bretter gelegt, dann stramm gespannt und so langsam mit der Schnur auf beiden Brettern gleichmäßig an die Mitte des Bootes herangedrückt. Ist die Mitte berührt, kann man, um ein längeres Schlagzeichen zu erzielen, vielleicht noch eine Hand breit weiter heranrücken. Jetzt wird die Schnur noch einmal gut stramm gezogen (nicht nachlassen!), ein Mann geht nach der Mitte, zieht die Schnur in der Waagerechten vom Boot ab und läßt sie kurz an das Boot anschlagen. Man sieht jetzt einen stärkeren schwarzen Strich in der Mitte und

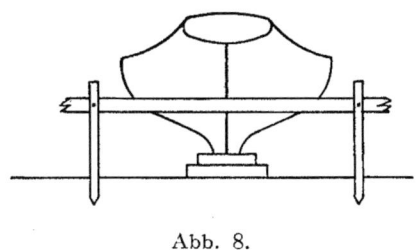

Abb. 8.

einige schwächere an den Enden daneben. Die stärkere Linie ist meist die richtige; die anderen sind Nachschläger. Erstere wird jetzt nach vorn verfolgt und an der Stelle, an der sie aufhört, sichtbar zu sein, wird die Schnur, nachdem sie vorher wieder angeschwärzt ist, mit dem Fingernagel oder einem Stück Holz sehr fest auf diese Stelle gedrückt. Die Schnur nach dem hinteren Teil des Bootes wird jetzt losgelassen, der Mann rückt nun mit der Schnur auf dem Brett etwas näher an den Steven heran und spannt sie an, während der dritte Mann die Schnur (nicht nachlassen!) an der Stelle, an der sie am festesten anliegt, wieder in der Waagerechten abzieht und sie kurz anschnellen läßt. Bei Wiederholung dieser Griffe ist man meist schon am Vordersteven angelangt. Genau so wird die Anschnürung der Wasserlinie nach hinten zu vorgenommen, bloß achte man darauf, an der Stelle, wo die Wasserlinie die stärkste Krümmung hat, nur in kurzen Zwischenräumen heranzurücken. Ist die andere Seite ebenfalls fertig, zieht man die erhaltene Linie mit Bleistift und **Lineal** nach oder kratzt sie leicht ein.

Man kann sich diese komplizierte Arbeit natürlich erleichtern, wenn man die Wasserlinie nach dem Gefühl zieht. Wenn die Arbeit nicht gar zu ungeschickt ausgeführt wird, sind kleine Abweichungen auf dem Wasser nicht zu sehen.

DAS UNTERWASSERSCHIFF

Jeder Eigner eines Sportbootes, mag es ein Ruder-, Paddel-, Segel- oder Motoorboot sein, muß dem Unterwasserschiff die größte Sorgfalt widmen, hängt doch die Schnelligkeit des Bootes und die Haltbarkeit des Anstrichs in erster Linie von einem glatten Unterwasserschiff ab. Voraussetzung für ein glattes Unterwasserschiff ist natürlich, daß das Boot im Holz- oder Metallrohbau sauber gearbeitet worden war.

Der Unterwasseranstrich soll Anwuchs verhindern und im Wasser so hart bleiben, daß er das Boot gegen Wasser schützt. Beide Eigenschaften vereinigt noch keine Farbe vollkommen, doch kommen sie dem Ideal bereits recht nahe.

Blackvarnish, ein Teerprodukt, liefert zwar eine glatte Fläche, hat jedoch schwerwiegende andere Nachteile. Die meisten Hölzer fallen nämlich darunter schnell der Fäulnis anheim. Mit Blackvarnish gestrichene Boote lassen sich außerdem nicht spachteln, da der Spachtel keine Verbindung mit dieser Masse eingeht. Bei Blackvarnish muß man daher so gut wie möglich glatt schleifen und erneut Blackvarnish darüberstreichen. Soll dieser Anstrich einmal entfernt werden, kann man ihm weder mit der Lötlampe, noch mit anderen Hilfsmitteln zusetzen, sondern muß ihn am besten bei kaltem Wetter trocken und mit dem Dreikantschaber bearbeiten. Hierbei entwickelt sich feiner, alles durchdringender schwarzer Staub. . . . .

Der beste Schutz des Unterwasserschiffs ist heute wie seit Jahrzehnten unbestritten ein gründlicher Anstrich mit Teer und Beschlagen des ganzen Unterwasserschiff: mit Kupferplatten. Wegen der Kosten und des Gewichts kommt diese Behandlung praktisch nur für größere, hölzerne Schiffe in Frage. Teer allein gibt keine glatte Fläche und wirkt außerdem nicht anwuchsverhindernd, so-daß es keinen Zweck hat, sich über Aussehen und andere unange-nehme Eigenschaften des Teeranstrichs hinwegzusetzen.

Die wertvollste und praktisch auf allen Gewässern für Sport-boote bewährte Unterwasserfarbe ist Kupferbronze, eine Farbe, die feinsten Kupferstaub enthält, der nach dem Anstrich eine glatte Fläche bildet wie ein hauchdünner Kupferbelag. Dieser Kupfer-bronze-Anstrich schützt das Holz und wirkt fast völlig anwuchs-verhindernd. Kupferbronze ist zwar teurer als die meisten anderen, auch nicht billigen Unterwasserfarben, streicht sich aber sehr dünn. Durch die Sparsamkeit im Verbrauch ist Kupferbronze daher prak-tisch nicht teurer in der Verwendung, als andere Unterwasserfarben.

Auch den Aluminium-Farben werden hervorragende Eigenschaf-ten nachgesagt. Die Entwicklung der Unterwasserfarben ist noch keineswegs abgeschlossen.

Unterwasserfarben (»Patentfarben«) gibt es in den verschieden-sten Farbtönen. Man behandelt das Unterwasserschiff genau so wie das Überwasserschiff, also durch Abziehen, Schleifen, Firnissen (bei rohem Holz), Spachteln und Anstrich mit Patentfarbe möglichst zweimal. Bei Kupferbronze erfolgt vorher noch ein Anstrich mit Untergrundfarbe. Bei Blackvarnish darf vorher nicht gefirnißt werden.

BILGE, BODENBRETTER, DECK UND AUFBAUTEN

Der Anstrich der Bilge ist, ebenso wie der Austritt der Innenseite der Planken, eine wichtige Ergänzung zum Anstrich der Außenhaut. Während Lack und Farbe der Außenhaut die Planken luft- und wasserdicht abschließen, muß das Holz auf der Innenseite die Möglichkeit zum Ausatmen und ständigen Austrocknen haben. Während eiserne Bootskörper innenbords ebenso wie außenbords behandelt werden, darf man hölzerne Boote weder in der Bilge noch an anderen Stellen innen lackieren. Die Folge würde stets sein, daß der Anstrich nach kurzer Zeit zahllose Blasen zeigt und damit seinen Sinn verliert.

Der Bilgeanstrich soll so erfolgen, daß er luftdurchlässig bleibt, andererseits das Holz konserviert, sodaß es durch Einwirkung der Feuchtigkeit nicht in Fäulnis übergeht. Man benutze die besonders hierfür hergestellten Bilgefarben. Auch die Bodenbretter kann man an der Unterseite damit streichen oder karbolinieren. Diese Bilgefarben, die die erwähnten Aufgaben: Atmenlassen und gleichzeitige Konservierung des Holzes, erfüllen, sind bei den meisten Wassersportlern wegen ihrer Geruchfreiheit beliebter als z. B. Karbolineum. Die Oberseite der Bodenbretter, Schranktüren und Luken werden entweder mit Ölfarbe gestrichen oder in der gleichen Weise behandelt wie die naturlackierten Teile der Außenhaut, also: Schleifen, Schleiflack, Überzugslack.

Vom Deck wurde schon beim Abdichten gesprochen. Ein mit Leinen oder Segeltuch bezogenes Deck wird man nach dem Abdichten, sofern nicht die Farbe für einen völligen Neuanstrich gründlich entfernt wurde, mit einem in Terpentin getauchten Lappen tüchtig abreiben und dann nach gründlichem Abreiben und Nachwaschen mit Wasser und Trockenreiben mit Deckfarbe streichen.

Graue oder grüne Farbtöne sind besonders beliebt. Die gleiche Behandlung erfährt natürlich ein etwa vorhandenes Kajütdach, das wegen der größeren Dichtigkeit fast stets mit Segeltuch bezogen ist. Wenn die Farbschicht des Leinendecks durch zu dicken Anstrich oder ungenügendes Schleifen zu dick wird, wird sie rissig.

Ein Naturholzdeck, die Seitenwände der Aufbauten, Luken, Türen, Kockpit und ähnliche Teile werden ebenso behandelt wie die Außenhaut. Auch hier ist größte Sauberkeit bei den Arbeiten wichtigstes Gebot.

DIE FALTBOOTHAUT

Während die Behandlung hölzerner Paddelboote, die naturfarben gehalten sind, sich aus der Beschreibung an anderer Stelle ergibt, muß man für Faltboote, deren Haut nicht mehr einwandfrei ist, besondere Farben benutzen. Vor dem Streichen wird die Haut vorsichtig gewaschen, zum Beispiel mit einer schwachen Seifen- oder Sodalösung. Dann wird die Farbe aufgetragen, und zwar bei ölimprägnierten Stoffen eine Ölfarbe, bei Gummihaut eine kautschuk- haltige Farbe. Durch den Anstrich soll die Haut nicht nur wasser- dicht, sondern auch geschmeidig bleiben. Zwei bis drei Anstriche sollten genügen, doch muß man der Farbe jedesmal Zeit lassen, vollkommen durchzutrocknen. Ein Zwischenraum von mindestens einer Woche ist empfehlenswert. Falls der Anstrich zu dick war oder aus anderen Gründen klebrig bleibt, kann man sich durch Abreiben der klebrigen Stellen mit Talcum helfen.

DAS SCHÄRFEN DER ZIEHKLINGE

Eines der wichtigsten Werkzeuge, das für die Überholungsarbeiten gebraucht wird, ist die Ziehklinge und der Ziehklingenschaber. Seine Behandlung, besonders das Schleifen, ist nicht ganz einfach. Wer mit scharfem Werkzeug arbeitet, dem wird die Arbeit fast zum Spiel. Im Folgenden soll versucht werden, den Überholer in die Einzelheiten des Ziehklingenschärfens einzuführen und zugleich auf die Folgen der Außerachtlassung dieser Punkte aufmerksam zu machen.

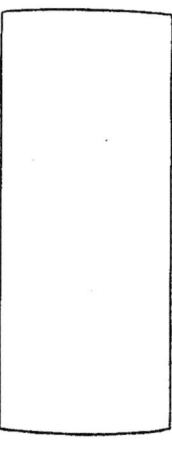

Abb. 9.

Der Tischler arbeitet mit der langen Seite der Ziehklinge und schärft diese Seite, weil er fast nur gerade Flächen zu bearbeiten hat, immer gradlinig an. Wir Bootsbesitzer dagegen müssen die Ziehklinge mit der schmalen Seite gebrauchen und schärfen auch nur diese an, weil wir fast nur gewölbte oder hohle Flächen haben. Die lange Seite nützt hierbei doch nichts; auch hält sich die Ziehklinge mit der hohen Seite besser in der Hand.

Zum Schärfen brauchen wir folgendes Werkzeug: Eine recht feine, sog. Schlichtfeile (flache Form), einen Abziehstein und Ziehklingenstahl, der aber keine scharfen Kanten haben darf. Dieser Stahl muß glashart und sauber poliert sein. Man fette ihn ein, damit er keine Roststellen bekommt. Nun wird die Ziehklinge fest in den Schraubstock gespannt (Abb. 10), sodaß sie 1 cm hervorsteht. Ist die Klinge noch neu, so feilt man ihr erst die Form an, die sie für unsere Zwecke haben muß, nämlich eine ganz flache Kurve mit etwas abgerundeten Ecken (siehe Abb. 9). Diese sind nötig, damit man nicht so leicht mit der spitzen Ecke in das Holz reißt. Das Scharffeilen der nur 1—$1^1/_2$ mm starken Ziehklinge

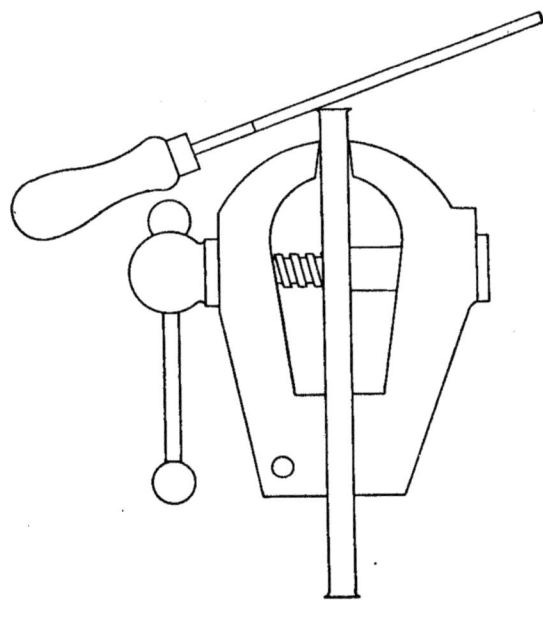

Abb. 10.

und das Abziehen hinterher ist eine Arbeit, auf die alles ankommt; besonders sind die Kanten genau rechtwinklig zu feilen. Sollte die Feile oder später beim Abziehen der Stein gekippt sein, so wird man nie eine scharfe Schneide bekommen können. Feile wie Abziehstein müssen genau winkelrecht gehalten werden. Je glatter die gefeilte Fläche nachher abgezogen wird, desto besser ist der Schnitt und desto länger läßt sich damit arbeiten. Man denke sich einmal den ganzen Vorgang stark vergrößert. Die Zähne der Feile haben Riefe neben Riefe in die schmale Schneidefläche gezogen, würde man diese Riefen nun nicht glatt abziehen (der Ziehstahl biegt diese rauhe Kante um), so sähe die ganze Schneide wie eine Säge aus (Abb. 11); die ganz feinen Spitzen würden sofort beim Arbeiten abbrechen, und die Ziehklinge wäre stumpf. Daher eine möglichst feine Schlichtfeile, denn je feiner die Feile, desto weniger tiefe Riefen sind mit dem Abziehstein abzuziehen. Jetzt wird der schneidende Grad angezogen. Man kann dies auch machen, in-

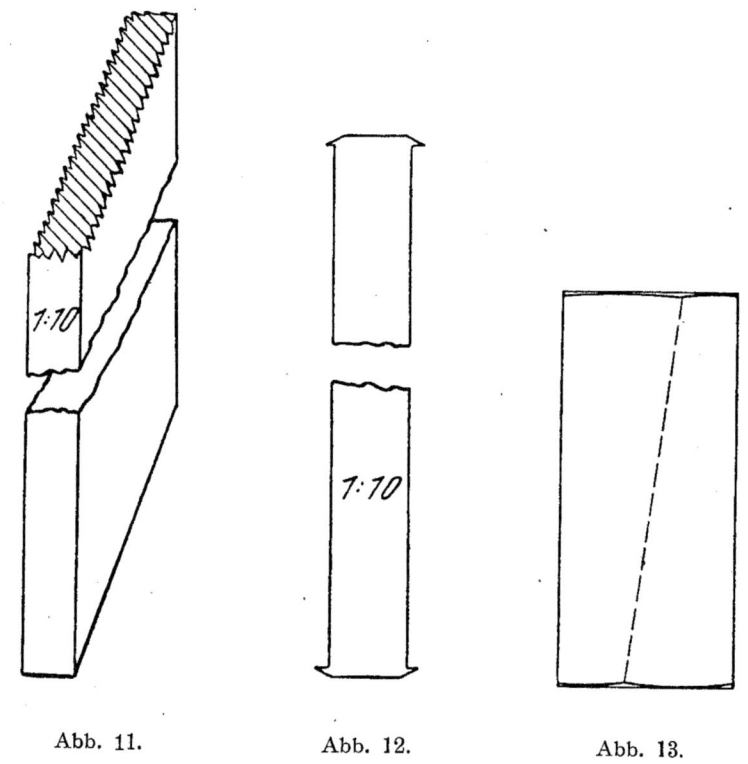

Abb. 11.   Abb. 12.   Abb. 13.

dem die Ziehklinge an die Tischkante gelegt wird, desto besser ist es jedoch, die Ziehklinge zu diesem Zweck fest im Schraubstock zu belassen. Der Ziehklingenstahl wird mit der einen Hand am Griff, mit der anderen an der Spitze des Stahls gefaßt, dann in einem Winkel von etwa 75° auf die scharfen Kanten zwei bis dreimal unter starkem Aufdrücken lang gezogen (siehe Abb. 10), wodurch die scharfe Kante (siehe Abb. 12) umgebogen wird, die dann die eigentliche Schneide bildet. Wäre nun der Ziehstahl nicht glashart, würde er die Kante der stählernen Ziehklinge nicht umbiegen, sondern sich selbst nur Riefen einkratzen. Hätte er scharfe Kanten oder Roststellen, und wäre er nicht glatt poliert, so würde der Stahl wie eine Feile wirken und, statt die scharfen Kanten umzubiegen, dieselben abschaben. Es ist bei dem geringen Preis der Ziehklingen ratsam, mehrere davon zu besitzen; besonders praktisch ist es, man läßt sich eine davon, wie Abb. 13 zeigt, mit der großen Schere auf der punktierten Linie so schneiden (nicht durchmeißeln!), daß sich zwei Stücke ergeben. Jedes hat eine schmale Seite, während die anderen breiteren Seiten dadurch einen etwas spitzen Winkel bekommen, der in den Ecken ganz besonders gut zu verwenden ist. An der schmalen Seite keine krumme Kurve anfeilen! Auch wähle man nicht zu schwache Ziehklingen (nicht unter 1 mm stark).

Noch zu erwähnen ist, daß die Ziehklingen, sobald sie zum ersten Mal stumpf sind, noch einmal scharf gemacht werden können, ohne daß man wieder zu feilen braucht. Man legt sie flach auf den Tisch und streicht mit dem Ziehstahl, ihn ebenso flach haltend, den Grad, die angebogene Schneide, einmal hin und her, um dann wie nach dem Feilen und Abziehen wieder anzubiegen. Nur ist dabei zu beachten, daß die Haltung des Ziehstahls in einem etwas spitzeren Winkel, vielleicht 60^0, geschehen muß; dementsprechend muß auch die Ziehklinge beim Abziehen flacher gehalten werden. Ob eine Ziehklinge weit genug abgefeilt ist beim Anschärfen, sieht man daran, wenn sich ganz feine lange Metallfäden loslösen. Nach ein paar Strichen tritt der Abziehstein in Tätigkeit. Hat man zu Hause keine Gelegenheit, die Ziehklingen für den kommenden Sonntag scharf zu machen, oder hat man einen bekannten Tischler, der es tun will, so mache man ihn darauf aufmerksam, daß die Ziehklingen für unsere Zwecke nur an den kurzen Seiten scharf zu machen sind; auch wickle man jede Ziehklinge in ein besonderes Papier ein, sonst sind die sehr feinen Schneiden alle verdorben.

ANBRINGEN DER BOOTSNAMEN

Ein Boot ohne Namen ist wie ein herrenloses Tier. Am schwierigsten ist der Anstrich des Namens auf der Außenhaut aus freier Hand. In solchen Fällen empfiehlt es sich, wenigstens mit Bleistift die Größe und künftige Stellung der zu malenden Buchstaben anzudeuten.

Buchstaben aus dauerhaftem Metall, wie Nickel, Messing, Kupfer, Nirosta-Stahl lassen sich in jedem Fachgeschäft in jeder gewünschten Größe beschaffen und leicht anschrauben. Das Anbringen soll geschehen, bevor die letzte Lackschicht gestrichen ist, damit sie nicht an dieser Stelle zerstört wird.

Bei kleinen Booten nimmt man vorwiegend blau-goldene Abziehbuchstaben, die mit Abziehlösung aufgeklebt werden. Nach dem Trocknen wird die Rückseite des aufgeklebten Papiers mit Wasser durchgeweicht, bis sich das Deckpapier leicht nach unten abziehen läßt. Das Verfahren ist ähnlich wie bei den Kinder-Abziehbildern. Nach dem Abziehen werden die Buchstaben leicht überlackiert. Mit einiger Geschicklichkeit kann man die Abziehbuchstaben auch auf dem halbtrockenen Lackanstrich abziehen. Dann ist ein späteres Überlackieren unnötig, auch wirken die Buchstaben deutlicher.

ANFERTIGEN VON BOJENSTEINEN

Zu den Überholungsarbeiten gehört nicht zuletzt die rechtzeitige Sorge um einen guten Liegeplatz. Hat man sich einen Stegplatz oder sonstigen Liegeplatz gesichert, ist das Problem gelöst. Größere Boote wird man auf Binnengewässern dagegen meist in einiger Entfernung vom Ufer an die Boje legen, wo es der Brandung am Ufer und anderen Gefahrenquellen, wie Angrundgeraten bei niedrigem Wasserstand oder Beschädigung beim Anlegen weniger ausgesetzt ist.

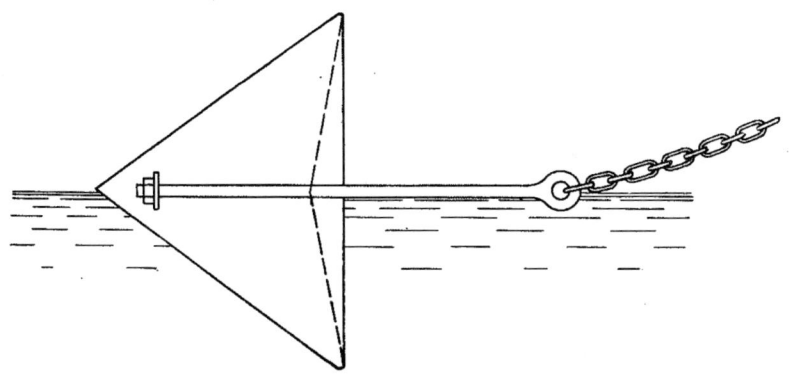

Abb. 15.

Von der Boje ist es bei jedem Wind ein Leichtes, ab- und anzukommen, d. h. wenn die Bojen nicht zu dicht beieinander liegen, was man z. B. auf dem Wannsee bei Berlin öfter beobachten kann. Man stelle sich nun vor, daß bei schwerem Wetter das Bojengeschirr eines Bootes bricht oder durch zu leichten Bojenstein ins Treiben gerät; dann gibt es »Kleinholz« nicht bloß bei dem treibenden Boot, sondern auch bei denen, die von diesem auf seinem

Wege gerammt werden. Daher ist es von größter Wichtigkeit, das richtige Bojengeschirr zu besitzen. Da es meist umständlich und teuer ist, Bojensteine fertig zu kaufen, sei die Selbstherstellung kurz beschrieben.

Was sieht man da für Ungetüme im Herbst ans Tageslicht hieven. Die einen haben irgendein Stück Eisen, die anderen Natursteine mit umgelegtem Bandeisen, viereckige Betonsteine, dann kommen vierflunkige Schiffsanker zum Vorschein usw. Die Erstgenannten halten nur, wenn sie verhältnismäßig schwer sind; Anker sind für Bojen das ungeeignetste Material, denn man stelle sich einmal vor, daß bei einem Anker immer eine Flunke über den Seeboden herausragt. Das Boot wickelt nun mit drehendem Winde die Kette fortwährend um die aufrechte Flunke des Ankers. Bei einsetzendem Sturm wirkt die Zugkraft auf die Flunke, und der Anker wird wie mit einer Boberkette glatt aus dem Grund herausgehoben. Um nun allen diesen mit großen Geldkosten und Ärger verknüpften Vorkommnissen abzuhelfen, kann man den Bojensteinen die Form geben wie Abb. 15, 16. Der Stein wirkt in solcher

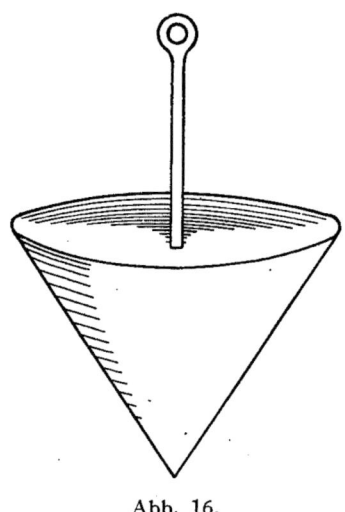

Abb. 16.

Gestalt in der Hauptsache als Anker, indem die dem Untergrund den größten Widerstand bietende Fläche schon durch das über ihr liegende Gewicht von selbst in den Bodengrund einsinkt. Setzt nun bei Sturm noch die Zugkraft des Bootes ein, so gräbt sich der

Stein bis an die Stenge in den Grund. Diese ist mit Absicht so lang aus dem Stein stehend angeordnet, damit sie gleichsam als Hebel niederdrückend wirken soll. Eine große Ankerflunke eines Schiffsankers wirkt ungefähr mit 300 qcm Fläche, der vorstehende Stein mit einer solchen von ca. 900 qcm und hat den großen Vorteil, daß sich die Kette nicht einwickeln kann. Um diese sehr bewährte Form herzustellen, braucht man nicht sofort zur Kunstsandsteinfabrik zu laufen, da diese Arbeit an einem regnerischen Sonntag sehr gut selbst ausgeführt werden kann. Zu diesem Zweck braucht man vorerst ein kleines abgelegenes Plätzchen am Lande, dann das entsprechende Quantum groben Flußkieses und den dazugehörigen guten Zement, ferner die eiserne Ringstange, die in den Bojenstein eingestampft wird, einen Spaten und ein kellenartiges Brettchen oder eine Maurerkelle. 4 bis 5 Tage vorher streicht man 6 bis 8 Zeitungen dünn mit Firnis und hängt sie über eine Stange zum Trocknen auf. Das eingefettete, nun trockene Papier muß an Ort und Stelle sein nebst Pfütze und Hammer. Zum Mischen der Betonmasse nehme man eine etwas flache Kiste. Jetzt beginnen wir mit der Arbeit. Die Erdoberfläche wird auf ca. 1 m im Umkreis wagerecht geebnet, dann wird in der Mitte ein runder Holzpflock, an dem 10 cm von unten die Höhenmaße eingekerbt sind, die der Stein haben muß, etwas weiter eingeschlagen als der Bojenstein tief werden soll. Von diesem Pflock wird mit einer Schnur ein

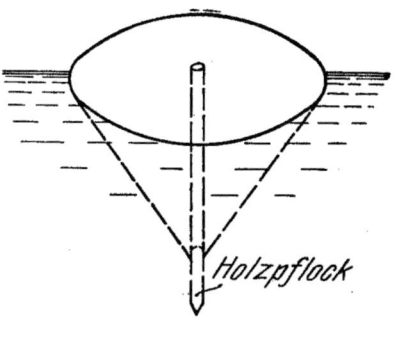

Abb. 17.

Kreis von dem Umfang, den der Stein bekommen soll, eingekratzt. Nun schaufelt man eine kegelförmige Pyramide, den Holzpflock als Zentrum lassend, so weit aus, bis man an dem unteren Kerbmal angelangt ist. Jetzt wird der Holzpflock entfernt und das

45

entstandene Loch in der Kegelspitze fest zugestampft, die Seitenwände festgeglättet und mit dem gefirnißten Zeitungspapier mehr-
fach ausgelegt. Diese Isolierung ist notwendig, da sich sonst der
Zement mit den Seitenwänden verbindet. Die Form ist nun fertig
(Abb. 17).

Inzwischen hat die Mannschaft eine Lage grobkörnigen Fluß-
kies bereit gestellt; hat man Flußkies nicht zur Hand, so stellt
man ihn her, indem man gewöhnlichen Gartenkies durch häufiges
Waschen von dem ihm anhaftenden Lehm befreit, bis das Wasser
nicht mehr gelb aussieht. Auf die Lage Kies kommt eine Schicht
Zement und so fort, bis die Materialien aufgebraucht sind. Das
Mischverhältnis bei diesem Beton ist: 1 Teil Zement, 2 bis 3 Teile
Sand. Das Ganze wird nun mit dem Spaten erst trocken, dann

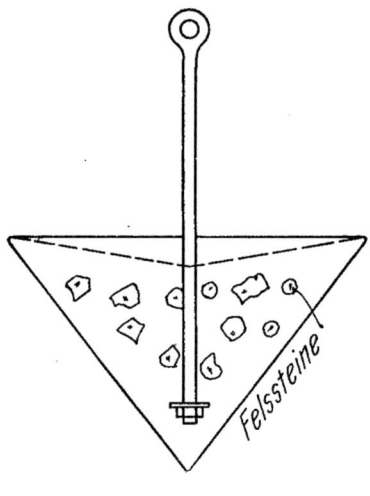

Abb. 18.

unter Zuguß von wenig Wasser sehr gut durcheinander gemischt.
Der Beton muß einen dicken Brei darstellen. Um sich zu ver-
gewissern, daß der Beton auch die Form ausfüllt, schütte man den
Kies vor dem Mischen in Form eines kegelförmigen Haufens von
den ungefähren Ausmaßen des Steines auf; der dazu gehörige Zement
rechnet nicht mit. Sollte nun die Mischung knapp werden, so kann
man sich helfen, indem scharfkantige, faustgroße Felssteine in die
Form eingesteckt werden (keine Ziegelsteine) (siehe Abb. 18). Die
Ringstange ist am unteren Ende mit einer starken Mutter ver-

sehen, die noch vernietet ist. Bei Fahrzeugen bis 10 m Länge muß sie mindestens 20 mm stark und die Ringöse gut verschweißt sein; die Stange darf auch nicht zu kurz sein. Sie darf 50 cm über den Stein hinausragen, dazu kommt der Teil, der in den Stein einbetoniert ist, was eine Gesamtlänge von 75 bis 80 cm ergibt. Man wirft jetzt einen Spaten voll Beton behutsam in den unteren Teil des Kegels und stampft ihn mittels eines stumpfen Holzes fest, dabei nicht so dicht an die Außenkanten stampfen. Jetzt sucht man sich die Mitte der erhaltenen Fläche, setzt die. Ringstange mit der Mutter darauf und schüttet Beton herum. Die Stenge wird nun senkrecht ausgerichtet und fest gesteift, der Beton unter fortgesetztem Anstampfen zugeschüttet. Es ist nun nicht von Schaden, wenn gelegentlich 3 bis 5 mm

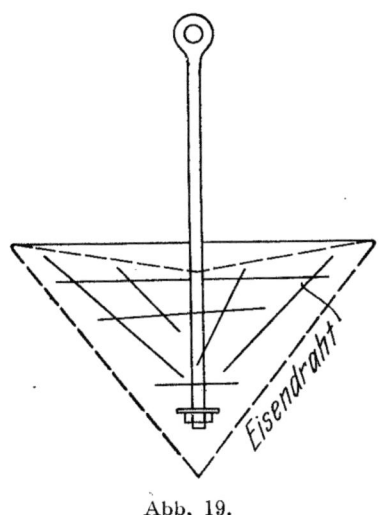

Abb, 19.

starker Eisendraht senk- und waagerecht einbetoniert wird (Abb. 19). Ist die Form außen bis an den Rand gefüllt, so gibt man dem Stein die nach der Stenge zu eingesenkte Fläche. Die Senkung beträgt in diesem Fall bei einem Durchmesser des Steines von 65 cm an der Stenge 7 bis 8 cm. Um dies bequem festzustellen, legt man ein gerades Brett über die Außenkanten und mißt in der Mitte herunter. Der Stein soll also oben die Form eines flachen Trichters haben, aus dem in der Mitte die Stenge mit der Augöse ragt. Diese Fläche wird nun geglättet und sicherheitshalber noch einmal nachgesehen, ob die Stenge noch senkrecht steht. Ist dies nicht der Fall, so kann man dem durch Klopfen und Nachstampfen abhelfen. Da nun die Außenkante oben in einem ziemlich scharfen Winkel verläuft, dieser sich aber der Schwere des Gegenstandes entsprechend leicht abstoßen würde, so rundet man diese scharfen Kanten auf Fingerstärke ab. Dies läßt sich in feuchtem Zustand schlecht machen, daher wartet man 2 Tage und rundet dann die scharfen Kanten etwas ab. In den nächsten 8 Tagen darf nun nicht an dem Bauwerk gerüttelt werden, der Zement ist jetzt ‹im Binden›, sagt der Fachmann. Es ist zweckmäßig, die ganze Arbeit vom zweiten Tage an öfters mit Wasser zu begießen. Mit dem Ausheben des fertigen Bojensteins zu früh zu beginnen, ist nicht ratsam, man lasse bis dahin 1½ bis 2 Wochen vergehen. Sollte nun während des Bindens Frostwetter einsetzen, so muß die Arbeit gut dagegen geschützt werden. Die Breite des Steins soll halb so groß sein wie seine Tiefe. Für kleine Boote bis 7 m über Deck genügt ein Breitendurchmesser von 50 cm, bis 10 m 65 cm, 12 m 80 cm usw. Der Bojenstein und seine Kette nebst Stahldrahtstop zum Boot muß unbedingt verläßlich sein. Es ist besser, die angegebenen Dimensionen zu überschreiten als zu vermindern. Denn jeder Bootsbesitzer, der in der Stadt seine geschäftlichen Sorgen hat und mit Arbeit überbürdet ist, muß sich, wenn der Sturm durch die Straßen rast, ruhig auf sein Bojengeschirr verlassen können. Was für Ärger dagegen macht es, wenn der Besitzer hinauskommt und, wie es schon oft vorgekommen ist, seine Jacht schon seit einigen Tagen gestrandet ist oder an irgendeinem Bollwerk stampft, Viel wird auch dadurch gefehlt, daß die Ketten oft zu kurz sind; man muß mindestens die vierfache Länge zur Wassertiefe rechnen.

Gegen Bruch des eigenen Bojengeschirrs kann sich der Eigner selbst schützen; wie soll er aber sein Fahrzeug gegen das leichtfertig hergestellte Bojengeschirr des Nachbars schützen, wenn dessen Boot das seinige gerammt hat? Wie schützt er überhaupt sein Fahrzeug gegen die vielen Gefahren, die es bedrohen, wie Diebstahl, Feuer, Havarie während der Indienststellung und beim Auf- und Abschleppen?

Hier hilft nur die Versicherung.

TAKELAGE, LAUFENDES UND STEHENDES GUT

Der Mast und die Spieren bedürfen ebenso sorgfältiger Pflege wie alle anderen Teile des Bootes. Alle Risse werden behandelt wie Undichtigkeiten in der Außenhaut, indem sie durch Einführen von Baumwolle und Abglätten mit Kitt oder flüssigem Holz zunächst ausgefüllt werden. Dann wird das Holz mit feinem Sandpapier abgeschliffen, worauf nach ein- oder mehrmaligem Anstrich mit Schleiflack und nach jedesmaligem Schleifen ein Anstrich mit Überzuglack erfolgt. Da bei den meisten Masten im allgemeinen nur die Ansatzstellen an Klau und Gaffel sowie der Saling, Wanten, Vor- und Backstagen usw. abgescheuert sein werden, genügt es dann, diese Stellen mit der Ziehklinge abzuziehen. Dann erfolgt ein Anstrich mit Halböl (bei rohem Holz) und darüber Schleiflack und Überzugslack. Großbaum, Gaffel, Fahnenstock und ähnliche Hölzer, die wenig beansprucht werden, brauchen meist nur in Abständen von mehreren Jahren lackiert zu werden, während Bootshaken, Riemen und Paddel in jedem Jahr eine gute Überholung verdient haben.

Schließlich dürfen die Takelage und alle jene Kleinigkeiten nicht vergessen werden, die in ihrer Vollständigkeit erst das Boot zu einem Sportfahrzeug machen.

Am »stehenden Gut«, wie man die Wanten und Stage nennt, sind die Takelings der Splissungen nachzusehen, auszubessern und zu lackieren. Vielfach geschieht dies mit Holzteer, aber ein guter Lacküberzug tut dieselben Dienste, was angenehmerer und sauberer ist, zumal man den Lackpinsel ja stets zur Hand hat.

Beim laufenden Gut, wie Schoten, Fallen, Streckern und ähnlichen Enden kann man das bisher durch die Blöcke am stärksten mitgenommene Ende so umscheren, daß die abgenutzten Kardeele normal nicht mehr so beansprucht werden. Dadurch erhöht sich die Lebensdauer des Tauwerks. Natürlich müssen dann die Kauschen am anderen Tampen neu eingespleist und der frühere Spliß abgeschnitten werden. Daß an keinem Tampen die Takeling fehlen darf, versteht sich von selbst, am besten aus Segelgarn oder, bei kräftigeren Enden, aus geteertem Hüsing. Ist das bisherige Tauwerk schon zu sehr mitgenommen, ersetzt man es durch neues. Nichts ist ärgerlicher, als wenn eine Schot bei härtester Beanspruchung, wo man an Bord sowieso genug zu tun hat, plötzlich bricht.

Drahtfallen, die stark verrostet sind oder gebrochene Drähte aufweisen, werden ebenfalls durch neue ersetzt, ehe man Segel und Hände daran zerrissen hat.

Bei den Blöcken prüft man, ob ihre Backen fest in den Beschlägen sitzen. Ist dies nicht der Fall, so wird das hindurch geschorene Tauwerk durch Klemmen vorzeitig zerstört. Es wird sich selten lohnen, solche Blöcke beim Blockmacher reparieren zu lassen. Es ist billiger, einen neuen Block zu nehmen, als das laufende Gut durch ihn zerstören zu lassen.

Die Schäkel müssen für die zugehörigen Kauschen passen, was nicht immer der Fall ist, wenn man im Laufe des Sommers z. B. einen Schäkel in den Bach geworfen hat und nicht einen passenden als Ersatz gleich zur Hand hat. Die Schäkelbolzen müssen gängig sein, ohne daß man jedes Mal einen Marlspieker bemühen muß. Ein Tropfen Öl in das Gewinde tut gute Dienste. Drehen sich die Bolzen zu leicht, hilft ein kleiner Schlag mit dem Hammer auf das Auge des Schäkels dem Übel ab. Verrostete Schäkel sind sofort auszurangieren, ebenso Karabinerhaken, deren Feder oft schon nach kurzer Dienstzeit versagt. Reparieren hat hier keinen Zweck.

Haben die Spieren, wie Gaffel, Großbaum oder Spinnakerbaum an ihren Nocken Löcher zum Durchholen der Anschlagleinen, so bohre man diese Löcher mit einer kleinen Rundfeile gut nach, da sie beim Lackieren leicht verstopfen und meist überhaupt schon eng gehalten sind. Das Ausbohren erleichtert die Arbeit des An- und Abschlagens ganz bedeutend, namentlich, wenn z. B. später auf Fahrt die Anschlagleinen durch Seewasser oder Regen stark gequollen sind.

Alle an den Spieren angebrachten Beschläge müssen absolut festsitzen. Top-, Großbaum-, Gaffelklaubeschlag und Patentreff sind ebenso wie z. B. der Bootshakenbeschlag in dieser Beziehung häufig Sorgenkinder. Lose Bolzen müssen festgenietet, lockere Holzschrauben nachgezogen werden. Finden die Schrauben im Holz nicht mehr genügend Halt, schlägt man Holzpfropfen in die Löcher (aber vorsichtig!) und schraubt in diese hinein. Den wenig beliebten Segelbock braucht man bei der Überholung nicht unbedingt zu vergessen, da er doch nun einmal unentbehrlich ist.

Ausbesserungen an Segeln und Persenningen werden am besten vom Segelmacher ausgeführt, auch wenn man während des Sommers schon selbst sofort genäht hat. Es gibt fast an jedem Segel auszubessern: Kleine oder größere Risse, aufgeplatzte Lattentaschen, ausgerissene Kauschen oder durchgescheuerte Stellen an den Lieken, Hals und Schothorn von Vor- und Beisegeln.

Bevor man die Segel, nach Abschluß aller übrigen Überholungsarbeiten, an Bord bringt, klopfe man sie gründlich aus. Segel kann man übrigens sachverständig waschen lassen. Entscheidend für Lebensdauer und Sauberkeit der Segel sind nicht zuletzt die Segelsäcke, Persennige, Zeisinge, die ihrer Bedeutung entsprechend behandelt sein wollen. Löcher und Risse sind auszubessern, schlechte Zeisinge durch neue zu ersetzen.

AUFTAKELN

Das Auftakeln bildet den Abschluß der Überholungsarbeiten. Es ist wichtig, diese Arbeit so sorgfältig wie möglich auszuführen, da hiervon der Trimm der Segel, die Sicherheit der Takelage und damit des ganzen Schiffes abhängen.

Abb. 20. Der Mast wird eingesetzt.

Bevor der Mast eingesetzt wird, sind Wanten und Stage, Saling und andere Teile anzubringen und die Flaggleine und Fallen einzuscheren. Hat man diese im Herbst entsprechend bezeichnet, ist die Arbeit einfach. Sonst muß man ausprobieren und unter Umständen den Mast wieder legen, wenn das stehende Gut nicht richtig angebracht ist. Das laufende Gut kann unter Umständen auch ohne Mastlegen ausgewechselt werden, wenn man gerne in die Toppen klettert oder einen tüchtigen Mann dafür hat.

Bei den Takelarbeiten darf man nichts übereilen. Man überzeuge sich bei jedem Stag und jedem Want, daß es klar führt und weder zu lose, noch zu stramm sitzt, daß die dazugehörigen Wantenspanner funktionieren. Ausgeleierte Wantenspanner sind zu ersetzen.

Man schlage die Segel zunächst nicht zu fest an. Bei den eingeschorenen Fallen und Schoten überzeuge man sich, daß sie, ohne zu klemmen, durch die Blöcke laufen.

PFLEGE IM SOMMER

Es wird nie zu vermeiden sein, daß ein Boot während der Indienststellung eine Schramme oder einen Stoß erhält, der den Lackanstrich an dieser Stelle zerstört und oft bis ins Holz geht. In diese Stellen dringt sofort das Wasser und der Schmutz ein, sodaß in kurzer Zeit das Holz dort verwittert. Dasselbe geschieht, wenn Sandkörner auf das Deck geschleppt und dann durch den Lack getreten werden. Dieser wird an den Stellen brüchig, das Wasser dringt ins Holz und verwittert es schnell. Da nun erfahrungsgemäß meist viele Sandkörner auf Deck geschleppt werden, kann man sich leicht die Folgen vorstellen. Um sich nun für später große Unkosten und Arbeit zu ersparen, handle man sofort, indem man die betreffenden Stellen mit Glaspapier überschleift, abfegt und sie sogleich überlackiert. Größere Schrammen und Stoßstellen werden vorher ausgespachtelt. Bei größeren Touren läßt sich die jetzt noch winzige Reparatur sehr gut unterwegs ausführen, ehe Wasser und Schmutz ihre Wirkung getan haben. Jedenfalls mache man sich zur Pflicht, bei der geringsten beobachteten Verwitterung des Lackes den Schaden sofort wie oben angegeben zu behandeln. Aus diesem Grunde kann man allen Wassersportlern empfehlen, eine kleine Flasche mit Bootslack, in der sich immer ein kleiner, am Korken befestigter Haarpinsel befindet, mit sich zu führen. Mit diesem einfachen, praktischen Werkzeug kann man sich viel Arbeit im Frühjahr sparen.

Schon kurz nach der Indienststellung muß der Eigner beobachten, daß die Außenhaut durch die Unreinlichkeiten des Wassers schmutzig wird, namentlich in der Wasserlinie. Selbst bei häufigem Abwaschen mit Lappen oder Tweidel wird es bald nicht mehr gelingen, den schwarzen Streifen restlos zu entfernen. Dann müssen Sand, Seife oder andere Scheuermittel herhalten. Diese Mittel haben jedoch den verhängnisvollen Nachteil, zugleich mit dem Schmutz auch den schützenden Lackfilm zu zerstören, der seinen Zweck unter diesen Umständen schon nach kurzer Zeit nicht mehr erfüllen kann. Die Zerstörung des feinen Lackfilmes durch unzweckmäßige Reinigung ist eine der Ursachen, daß so viele Boote gerade in der besonders gefährdeten Wasserlinie »weich« werden.

Niemals darf man daher zum Entfernen des Schmutzstreifens in der Wasserlinie Mittel anwenden, die, wie Sand, Scheuerpulver oder Seife, den Lack angreifen und wassergierig machen. Es gibt ein seit einigen Jahren bewährtes Lackreinigungs- und Pflegemittel, das mit einem Lappen, ähnlich wie bei Autos, in die verschmutzten Stellen eingerieben wird. Nach kurzer Zeit kann mit einem trockenen Lappen der Schmutz abgerieben werden. Dieses Mittel verhindert nicht nur eine Zerstörung des Lackfilms, sondern macht ihn sogar noch widerstandsfähiger.

Häufig wird vergessen, ein Boot genügend zu lüften. Ob die Sonne direkt auf das Deck brennt oder ob ein Persenning darüber gespannt ist, in jedem Fall kann ein Boot überhaupt nicht genug gelüftet werden. Die Feuchtigkeit, die sich überall an Bord festsetzt, wirkt sonst durch die Erwärmung an heißen Tagen geradezu rapide zersetzend auf alle angreifbaren Teile des Bootes. Wer einmal sein Boot bei Hitze und vorher längere Zeit völlig geschlossener Luke oder Persenning betreten hat, wird erstaunt gewesen sein über die Temperatur, die sich in solchem Fall entwickeln kann. An schönen Tagen sollte man auch während der Fahrt möglichst viele Luken öffnen, auch wenn es nicht immer gut aussieht.

FREUDE AM BOOT

Naturgesetze sind unerbittlich und kennen keine Kompromisse. Es hat keinen Sinn, sich darüber hinwegzutäuschen, daß »der Lack schon halten wird«, obwohl man vorher nicht geschliffen hat, das Boot nicht durchgetrocknet, nicht gespachtelt oder bei Feuchtigkeit gestrichen wurde. Unerbittlich rächt sich jeder Fehler. Ein Boot, das nicht sachgemäß gepflegt wird, ist einem schnellen Untergang geweiht, und der bequeme Wassersportler wird es erst erkennen, wenn es zu spät ist.

Wie groß kann aber die Freude und innere Ruhe sein, wenn man selbst genau weiß, daß alles am Boot in Ordnung ist und auch bei schlechtem Wetter und härtester Beanspruchung halten wird. Dann werden auch Regentage und unvorhergesehene Zwischenfälle, die Bewunderung der Sportkameraden und der Stolz auf die eigene Arbeit zu Quellen der Freude am Boot und am Wassersport, und diese Freude wird durch Ärger nicht getrübt und auch in der Erinnerung niemals versiegen.